DERNIER AMOUR.

Vers inédits.

DE L'IMPRIMERIE DE BEAU,

à Saint-Germain-en-Laye.

 Les vers que nous avons désiré voir imprimés furent un jour, et par hasard, trouvés épars dans un coin oublié d'une charmante villa qu'on nous dit avoir été habitée autrefois par deux poètes érotiques célèbres, Bertin et Parny, peut-être. Nous ne savons si cette circonstance suffit à faire croire cette poésie œuvre de ces amants chers à tous les cœurs sensibles que nous en laisserons juges. Ces juges, nous les ferons aussi peu nombreux que possible, afin de ne pas exposer ces charmants poètes à la critique du jour. Le caractère de ces dernières élégies nous semblerait justifier ces vers de Lamartine :

« Ah! que dis-je! on aime à tout âge,
» Ce feu durable et doux, dans l'âme renfermé,
» Donne plus de chaleur en jetant moins de flamme,
» C'est le souffle divin dont tout l'homme est formé,
» Il ne s'éteint qu'avec son âme! »

Ulric Guttinguer.

Février 1852.

DERNIER AMOUR.

I.

L'AVEU.

Vous m'admirez, dites-vous, quand le soir,
Au milieu des enfants joyeux, je viens m'asseoir,
Grave et doux, et rêvant des choses de la vie.
    Vous m'admirez, jeune et charmante amie,
Et votre voix le dit avec grâce et douceur !
Mais devinez-vous tout au front de ce rêveur ?
Et savez-vous qu'alors il se dit en lui-même :
    Elle m'admire ! et moi, je l'aime !

II.

POURQUOI NOUS L'AIMONS.

Pourquoi nous vous aimons, vous nous le demandez!
Quoi! vous connaissez-vous encor si peu vous-même,
   De demander pourquoi donc l'on vous aime!
Prenez votre miroir, ô chère ! et regardez!
    Dites si ce charmant sourire,
   Qui tout d'abord nous charme et nous attire,
Ce regard bienveillant, cette aimable gaîté,
    Ce naturel et cette dignité
Ne sont pas de ces biens où le cœur se repose !
Et puis, nous vous aimons sans en chercher la cause,
    Pourquoi? Demandez à la rose,
    Au doux fruit, à l'oiseau charmant,
Pourquoi nous les aimons dès le premier moment ?
    Lisez donc au fond de cette âme
    Dont vous suspendez la douleur,
    Que vous êtes bien plus, ô femme !
    Pour l'espérance et le bonheur
    Que l'oiseau, le fruit et la fleur.

III.

Tandis que vous dormez avec indifférence,
Je veille en attendant l'heure de la présence,
Faisant mille projets qu'emporte le destin,
Avec le doux parfum des fleurs et du matin ;
Rempli du souvenir d'innocentes caresses,
Et soupirant après de nouvelles tendresses,
    Tandis que vous dormez.

Elle ne viendra pas ! tout l'invite et l'implore,
Le pur éclat du jour, et celui qui l'adore ;
Elle ne viendra pas mêler son pas au mien,
Sur mille doux sujets égarer l'entretien,
Causer de l'avenir, de retour, de voyage :
Voilà ce que je pense, errant sous le feuillage,
    Tandis que vous dormez.

Et puis, je dis encor, sentant trembler mon âme :
Oh ! viendra-t-il un jour où, partageant ma flamme,
Elle ranimera celui qui l'aime tant,
Où je recevrai d'elle un baiser enivrant !
Où j'entendrai sa voix, par l'amour embrasée,
Dire : Je suis heureuse ! ! ! Et voilà ma pensée,
    Tandis que vous dormez.

IV.

Réponse à cette Question :

« QU'EST-CE QUE ÇA, L'AMOUR? »

Et vous le demandez, jeune et charmante femme !
L'amour, c'est, voyez-vous, de s'embrasser bien fort,
    D'abord !
    C'est de sentir fondre son âme
    Dans un rêve, dans le transport
    De la plus ravissante flamme ;
D'échanger le regard et de se renvoyer
Tout le feu que le cœur enferme en son foyer ;
C'est mourir dans l'extase, et puis renaître ensuite,
Sentant que le cœur bat cent fois mieux et plus vite ;
C'est le cri que fait l'homme en retrouvant le ciel ;
De l'âge d'or perdu, c'est la fleur et le miel ;
Plus tard, c'est, si l'on veut, les tendres sympathies
D'âmes, par mêmes goûts, doucement assorties,
Le conseil et l'appui, les consolations,
    Aux jours mauvais de nos afflictions ;
    C'est le partage de la vie,
    Qui fait de l'amante une amie ;
L'amour, c'est tout enfin : sens, âme, esprit, plaisir,
Voilà l'amour, ô chère ! en voulez-vous jouir ?
J'en ai, grâces aux Dieux, conservé l'étincelle,
Et, dût la vie, enfin, me quitter avec elle,
Je vous la donnerai, ravi du dernier jour
    Que voudra m'accorder l'amour.

V.

C'EST ELLE !

Si vous avez aimé jamais (et qui sur terre
D'un sentiment sacré n'a connu le mystère?)
Dites, vous souvient-il du premier rendez-vous,
Alors que tout est trouble et crainte autour de nous ;
Qu'au milieu d'un jardin, à la longue avenue,
Vous attendez, tremblant, la prochaine venue
D'un être aimé, disant : Ne viendra-t-elle pas ?
Et courez avant l'heure au-devant de ses pas !
Oh ! comme le cœur bat à chaque ombre lointaine
De femme avec son voile, et sa marche incertaine,
Comme on gronde son cœur en avançant plus près,
D'avoir pu s'y tromper ! Qu'elle a bien plus d'attraits,
Celle qui doit venir et faire voler l'heure !
Qui peut la retenir encor dans sa demeure ?
Comme moi maudit-elle un obstacle imprévu !
Allons, l'heure est passée, elle aura trop prévu
Le danger, les regrets, le remords, les alarmes;
Et vous alliez partir en dévorant vos larmes...
Oh ! dites, lorsque alors ce n'est plus une erreur,
Plus de doute, voilà la reine de mon cœur !
Qui pourra donc jamais dans la langue mortelle
Peindre tout le bonheur de ce seul mot : *C'est Elle !*

Et comme, frissonnant du charme de la voir,
Vous marchez éperdu d'avenir et d'espoir!
Fût-elle encor hautaine, orgueilleuse, indécise,
Craignant à chaque pas quelque amère surprise,
Comme ce qu'elle accorde à vos soins, à vos vœux,
D'un immense bonheur vous pénètre tous deux !
Dût sa rigueur encor retenir sa tendresse,
C'est Elle ! Elle est venue ! ce moment est à nous,
Béni soit à jamais le premier rendez-vous !

VI.

MIRAGE.

Quand je tiens auprès de moi,
Objet sacré de ma tendresse,
Mes yeux s'ouvrent avec ivresse,
Et restent attachés sur toi !
Mais quand l'heure de ton absence
A sonné ! qu'un sombre silence
M'enveloppe ! alors, sans espoir,
Sentant la nuit qui m'environne,
Et que ton souvenir rayonne,
Je ferme les yeux pour te voir !

Tu demandes des vers ! va, mon âme en est pleine,
Mais laisse à mon bonheur le temps de prendre haleine,

Et de se contempler! de voir autour de lui
D'où lui vient ce rayon qui tout-à-coup a lui!
Je reste anéanti sans voix et sans parole,
Craignant à chaque instant que l'ange ne s'envole,
Si je viens à parler ! ah! laisse-moi t'aimer.
Et plus tard, ce bonheur, je pourrai l'exprimer,
Te dire ma surprise et ma reconnaissance,
Te peindre de mon cœur la céleste espérance.
En attendant, je pleure à contempler tes traits
Charmants et radieux du bien que tu me fais;
Ton accent de bonté réveille dans mon âme
Sous la cendre du temps une joyeuse flamme;
La nature, éclairée à sa douce clarté,
Rend tout autour de nous le pays enchanté :
Le fleuve a repoussé le brouillard de l'automne,
Et le printemps parait remettre sa couronne.
Il me semble marcher avec toi dans les airs;
Que l'écho de ta voix forme de doux concerts!
Le beau temps! disais-tu, que je me sens heureuse !
Et, pressant dans ma main ta main voluptueuse,
Ce beau temps, mon amour, ne nous y trompons pas,
C'est de mêler nos cœurs, nos regards et nos pas;
C'est de bénir le sort qui tous deux nous rassemble,
De parler, de sentir et d'écouter ensemble!...
Voilà ce que mes vers te diront mieux un jour,
Quand j'aurai dans mon cœur médité mon amour.

VII.

LE NUAGE DE L'AMOUR.

Quelle ombre sur nos fronts s'arrêtait donc, ô chère,
Vous si bonne et si tendre, aujourd'hui si sévère !
Par quel mot indiscret, injuste, ou mal compris,
Ais-je porté le trouble en vos riants esprits !
L'ennemi de l'amour ainsi parfois envoie
Un trait qui frappe au cœur et vient blesser sa joie,
Il nous faut l'arracher bien vite, ou son poison
Déchirerait notre âme et sa douce union.
Jetez, jetez ce dard, passez votre main blanche
Sur ces yeux adorés, sur ce beau front qui penche ;
Laissez-moi d'un baiser effacer le chagrin,
Nuage passager sur un azur serein !
Que le soleil d'amour plus pur y reparaisse ;
Je n'y veux voir jamais que calme et que tendresse.
Je suis assez puni, rendez-moi votre cœur,
C'est là qu'est le pardon, c'est là qu'est le bonheur.

VIII.

DÉSENCHANTEMENT.

Après ces doux transports, pourquoi cet air si sombre ?
Un bonheur aussi grand n'était-il donc qu'une ombre ?
En avez-vous sitôt perdu le souvenir ?
Est-ce infidélité, caprice ou repentir ?
Est-ce vous ? suis-je moi ? vous n'êtes plus la même !
Je ne me trompe pas, je sais que je vous aime :
Quoi ! sortant de mes bras, un regard si glacé
Répond aux mouvements de mon cœur empressé !
Vos discours sont amers, et vos yeux sans tendresse !
Que s'est-il donc passé ? qui donc à notre ivresse
A mêlé ce poison que je ne connais pas !
Mais je suis insensé ! je le sais trop, hélas !
Ce funeste secret dont se trouble mon âme,
Je l'avais oublié : Vous êtes une femme.

Elle était sans détour, la jeune et noble fille
Qui venait autrefois, si fraîche et si gentille,
Au rendez-vous donné par un amant soumis,
Qu'elle nommait souvent : le meilleur des amis.
Elle ne cachait point son humeur indécise,
Ou jalouse, et voyant sa pénible surprise,

Naïve, elle disait, s'asseyant près de lui :
« Je ne t'aime pas trop, mon amour, aujourd'hui.
— Pourquoi ? que t'ai-je fait? — Je ne sais, disait-elle,
J'ai pensé tristement, je me sens criminelle,
Je fais mal, cet amour peut-être est mon malheur,
Et s'il me rend heureuse, il trouble bien mon cœur ;
Je n'ai plus de repos, toujours crainte nouvelle,
J'ai rêvé cette nuit que je n'étais plus belle...
Que sais-je ? le fait est que je t'aime bien peu,
Ce matin ! » Et l'amant souriait à l'aveu
Dépourvu d'artifice, et, lisant dans cette âme
D'enfant, par un baiser il ranimait la flamme
Qu'elle croyait éteinte ! Alors, tout triomphant :
« Tu vois bien, disait-il, que tu m'aimes autant. »

IX.

ADIEU.

Donne encor un baiser! le dernier, mon amour,
Je veux le conserver ensuite tout le jour.
Sentir son doux parfum, renouveler mon âme,
Mon cœur se consumer à sa divine flamme,
Y rêver ta présence avec son souvenir!
Céleste bien d'aimer, je te sens revenir!
Félicité du cœur que je croyais perdue,
Avec tous vos trésors, vous m'êtes donc rendue!
Comme frémit ma lèvre à toucher cette fleur!
C'est un rêve du ciel, et c'est tout son bonheur.
Adieu donc! reprenons la chaîne de la vie,
Notre joie, un destin contraire nous l'envie,
Mais on peut le combattre alors qu'on est aimé :
Dis-moi, comme le mien ton cœur est-il charmé,
Et de ce qu'il emporte avec lui de caresses,
Fera-t-il vivre aussi ta fidèle tendresse?
Femme! puis-je te croire, et quel orgueil à moi
De le penser! Allons, je m'abandonne à toi!
J'ai ma part, et c'était toute ma destinée
Qu'une heure dans tes bras! et tu me l'as donnée,
Et ne l'ai-je pas dit, quand le Ciel vint t'offrir
A moi : La voir, l'aimer, être aimé, puis mourir?

X.

QUAND JE NE LA VOIS PAS.

Sais-tu ce que je fais les jours où ta présence
Manque à mon pauvre cœur navré de ton absence ?
Je cherche tous les lieux de nos chers rendez-vous,
Où l'amour nous combla de ses biens les plus doux.
J'erre le long des murs de l'Eglise sacrée,
Je passe palpitant dans la rue ignorée,
Où, charmante, tu vins hâtant tes pas craintifs;
D'où nous nous élancions comme deux fugitifs,
Par le char emportés loin des murs de la ville !
Et je devine au loin le beau fleuve et son île,
Les saules jaunissants sur les ondes penchés,
Et nos pins éclatants et nos sentiers cachés ;
J'arrive frémissant sur la longue terrasse,
Aux beaux tilleuls ! partout je retrouve ta trace,
Ton souvenir, ta voix qui passe dans les airs,
Et j'écoute, et j'attends ! Le vent froid des hivers
Répond seul à mon rêve, et je reviens plus sombre
Au foyer solitaire, où près de moi ton ombre
S'assied, et me regarde avec des yeux émus
Qui se plaignent à moi de tant de jours perdus !
Alors, perçant des nuits l'humide et sombre voile,
A travers mes rideaux j'aperçois ton étoile
Qui semble nous prédire un plus heureux destin,
Et trace en doux rayons ce mot charmant : *Demain !*

XI.

FAIS-MOI DES VERS.

Va, je me souviendrai, le reste de ma vie,
De ces mots que tu dis, l'autre soir, mon amie,
Alors qu'à mes côtés, dans les plus doux transports,
De l'amour partagé nous comptions les trésors :
« Chante! fais-moi des vers, c'est l'écho de ton âme,
» De l'encens de ton cœur je vois en eux la flamme;
» Je ne doute jamais de toi, lorsque je lis
» Ces mots pour me charmer avec amour choisis ;
» Je te crois tout à moi lorsque tu les mélanges,
» Ces sons mélodieux; comme des accords d'anges,
» Ils pénètrent en moi par l'oreille et le cœur.
» Alors comme en mon Dieu j'ai foi dans mon bonheur.
» Mais si ta douce muse interrompt son langage,
» Je te crois oublieux, indifférent, volage,
» Et qu'un mauvais génie arrête dans son cours
» Le fleuve aux bords fleuris qui porte nos amours ;
» Car je sais bien, hélas! qu'ainsi, dans la nature,
» L'hiver de nos ruisseaux interrompt le murmure,
» Et que le rossignol, au fond des bois touffus,
» Ne cesse de chanter qu'alors qu'il n'aime plus! »

XII.

PAROLES DE FEMME.

« Quand je te demande, ô ma vie :
» M'aimes-tu bien ? alors tu dis:
» Je t'adore, ô divine amie ;
» Puis en m'embrassant, tu souris.
» Je ne veux pas que tu m'adores,
» Moi, je te dis encore un coup :
» *Je veux que tu m'aimes beaucoup.*
» — Je veux aussi que tu m'honores,
» Sans cela mon cœur tourmenté
» Souffre de sa félicité ;
» Mon esprit, sans cesse agité,
» Est plein de remords et d'alarmes,
» Je passe mes nuits dans les larmes,
» Redoutant ta légèreté,
» Le malheur, le monde, l'absence,
» Hélas ! et jusqu'à ta présence !
» Car je suis coupable, est-ce pas ?
» Je fais mal, une voix plaintive,
» Et qui me rend toute craintive,
» Me le dit sans cesse et tout bas :
» Rassure-moi par ta sagesse,
» Par une prudente tendresse,
» Par tes soins doux, affectueux,
» Sois tendre, mais respectueux. »

— Je t'aimerai comme tu veux,
O cher ange, aux célestes yeux,
Que ta tendresse se rassure,
Ton cœur est bon, ton âme est pure,
Levons nos regards vers les cieux,
Goûtons les biens que la nature
Répandit aux terrestres lieux.
Va, les bons cœurs sont vertueux,
Et Dieu sera clément pour eux.

XIII.

POUR UN JOUR DE NAISSANCE.

Que béni soit trois fois le jour
Où Dieu te créa, mon amour!
Qui t'aurait dit quand le Ciel te fit naitre
Dans ta patrie, auprès de tes parents ravis
De ta beauté, qu'un jour tu verrais apparaître,
    Loin d'eux, et loin de ton pays,
Trop tard, hélas! celui que Dieu t'avait promis!
    Fatalité, destin étrange!
Notre absence a duré bien longtemps, ô mon ange!
Quel long chemin j'ai fait qui m'éloignait de toi,
Et toi, qui t'entraîna si longtemps loin de moi!
Nous nous reconnaissons dans cette sombre vie,
Quand l'astre de mes jours pâlit à son déclin...
    Ah! prends vite un instant ma main,
    Sois *mon enfant*, sois mon amie,
Un seul jour laisse-moi t'appuyer sur mon sein,
    Marcher tous deux dans le même chemin!
    Regardons la nature ensemble,
    Cherchons au ciel le Dieu qui nous rassemble.
C'est assez! sur la terre avant d'aller aux cieux,
    O mon amour, je t'ai connue,
    Et maintenant que je t'ai vue
    En les baisant, ferme mes yeux.

Dans ce monde d'ennuis, de regrets et de pleurs,
Je vais menant partout avec moi ta pensée,
Doux fardeau qui me suit comme un bouquet de fleurs
Dont j'aspire en marchant la divine rosée.
Sans ce rêve charmant, clarté de mon destin,
Je tomberais, je crois, fatigué de la vie,
Et je dirais : Assez, mon Dieu, de ce chemin
Où la ronce est partout, le doute amer, l'envie;
Où l'orage nous suit et frappe à chaque pas
Les fleurs de nos jardins et celles de nos âmes,
Où la mort de ses traits perce jusqu'en nos bras
Tout ce que nous aimons : les enfants et les femmes.
Assez, j'ai trop vécu ! — Mais ton image est là,
Souriante à travers ces voiles et ces ombres,
Et je dis que demain elle me reviendra,
Jeter tous ses rayons dans ces routes si sombres,
Me montrer le ciel bleu sur les arbres fleuris,
Me porter sur son aile en me disant : Courage,
Me répéter ces mots, charme de nos esprits,
Et qu'ainsi je pourrai terminer mon voyage.
Alors, je le poursuis, en cherchant les chemins
Connus de notre amour, et jusqu'aux moindres places
Où je la vis marcher, où je trouvai ses mains
Pour rafraîchir mon front ; où je suivis ses traces,
Et j'attends que le sort, qu'on ne peut arrêter,
La jette dans mes bras pour ne plus l'en ôter.

XIV.

LE DERNIER SOURIRE.

Oui, votre cœur est jeune encore,
Jeune, malgré vos vingt-cinq ans !
Votre front charmant se colore,
Aux moindres mots, aux moindres chants ;
Vous souriez à la nature,
A l'arbre, aux moissons, à la fleur,
L'air qui passe, l'eau qui murmure
Ravissent votre aimable cœur !
En vain vous avez vu la terre
Et ses plus vastes horizons,
Les palais !.... les moindres gazons
Et la plus petite chaumière
Ont pour vous un charme nouveau,
Et tout vous plaît, et *tout est beau.*
Ah ! gardez bien cette jeunesse,
 Dans vos regards, dans votre voix,
Et cette naïve allégresse
Dont j'ose sourire parfois.
Ce sentiment qui nous ranime,
Dans nos chagrins, dans nos langueurs,
Je l'ai perdu par les rigueurs
Du temps qui m'a fait sa victime ;
Le bois ne me semble plus doux,
Rien ne m'étonne ou ne m'attire.
A toute chose je soupire,
Il ne me reste qu'un sourire,
Et Dieu me l'a gardé pour vous.

XV.

QUAND ELLE EST PARTIE.

Se trouver seul, après tant d'amour, mon amie,
N'est-ce pas le néant? La mort après la vie ?
Tout finit à l'instant, et dans son triste cours,
Le temps semble arrêter la marche de nos jours.
Quel mystère cruel, amer, inexorable!
L'arrêt qui nous sépare est donc insurmontable !
Un chemin différent nous fut donné par Dieu,
Et l'on ne se revoit que pour se dire adieu.
Le supplice commence alors, car, à chaque heure,
L'œil inquiet voudrait pénétrer la demeure,
Et connaître les pas de l'objet adoré !
Tourment dont notre cœur sans cesse est dévoré.
Et de ce triste soin l'âme tout affaiblie,
Dit : Il ne m'aime plus ! ou bien : Elle m'oublie!
Car le soupcon toujours est le mal des absents :
Se retrouvera-t-on tendres et caressants,
N'a-t-on pas réfléchi? changé? sombres idées
Dont les âmes en pleurs sont sans cesse inondées,
Quand on ne se voit plus, que vous blessez le cœur !
On ne voit que tonnerre écrasant le bonheur.
Et pourtant bien des fois déjà l'heure est venue,
Où l'on s'est rencontré dans la longue avenue,
Se hâtant l'un vers l'autre, et toujours plus aimés,
Avec la voix plus douce et des yeux plus charmés.

Il en sera de même encor, je veux le croire,
Demain, et tu seras mon amour et ma gloire.
Quand je te reverrai ! — Les jours passent ainsi,
Dans l'espoir combattu par un amer souci,
Jusqu'à l'heure où vers moi venant, toujours la même,
Tu me dis : M'aimes-tu toujours ? oh ! moi, je t'aime !

XVI.

DERNIÈRE ROMANCE.

FLEUR DE MA VIE.

Un jour un ange plein de charmes
Descendit pour sécher les larmes
Dont le sort remplissait mon cœur ;
Il me promettait le bonheur,
Il me le donna plein d'ivresse,
De voluptés et de tendresse....
C'était un rêve apparemment,
Hélas ! qu'il finit tristement !

Je l'appelais Fleur de ma vie,
Cette femme en tous lieux suivie,
Qui portait dans ses tendres yeux
Le beau printemps couleur des cieux ;
Son parfum embaumait l'asile
Où la rigueur des Dieux m'exile,
C'était un rêve assurément,
Hélas ! qu'il finit tristement !

J'ai cru voir des regards de flamme
De rayons éclairer mon âme ;
Je crus entendre près de moi
Une voix qui me disait : Toi!

J'ai cru sentir, qu'il t'en souvienne,
Une main qui pressait la mienne...
C'était un rêve apparemment...
Hélas! qu'il finit tristement!

Adieu, le destin nous sépare,
C'est la loi cruelle et bizarre
Du monde qui le veut ainsi !
Adieu, donne ta main! merci !
Tu t'éloignes, semblable à l'ombre
Qui disparaît dans la nuit sombre,
C'était un rêve apparemment,
Ah! qu'il a fini tristement!

FIN.

TABLE.

I. L'aveu.	5
II. Pourquoi nous l'aimons	6
III. Tandis que vous dormez	7
IV. Réponse à cette question : *Qu'est ce que ça, l'amour ?*	8
V. C'est elle !	9
VI. Mirage.	10
VII. Le nuage de l'amour	12
VIII. Désenchantement.	13
IX. Adieu	15
X. Quand je ne la vois pas	16
XI. Fais-moi des vers	17
XII. Paroles de femme	18
XIII. Pour un jour de naissance	20
XIV. Le dernier sourire	22
XV. Quand elle est partie	23
XVI. Dernière romance. Fleur de ma vie	25

www.ingramcontent.com/pod-product-compliance
Lightning Source LLC
Chambersburg PA
CBHW060623050426
42451CB00012B/2405